JN410267

만인시인선 · 22

나는 목수다

송광순 시집

나는 목수다

만인사

자 서

나의 작은 세계에서는 늦가을 저녁놀이 어떤 삶의 절규보다 붉었고 가슴 뛰게 했었다. 숲 속 한 줌 바람이 어느 슬픈 이별보다 가슴 쓰리게 했었다. 그러나 대부분 다 사라져가는 지금, 차마 떠나지 못하고 남아있던 소중하고 따뜻했던 그 무엇들조차도 말없이 외출하거나 얼굴을 바꾸는 날이 잦아진다. 조금씩 내 지난 날을 도둑 맞고 있다고 생각했다. 하오 다섯시의 문턱에 서서, 해 지고 잠 오기 전, 새로운 그림 그리기를 그만 두고 남은 것들의 초상을 남기고 싶다.

차 례

2

3

차 례

4

차 례

1

나는 목수다

나는 남의 집만 고치는 목수다.

영혼이 잠시 머물 집,
붉은 슬픔으로 칠해진
철거 날짜 정해진 집만 수리하는
재개발 지역의 가난한 목수다.

누군가 목수의 집도 부서지느냐고 물었다.

남의 집 수리하느라
자기 집 불타는 줄도 모르는
나는 바보 목수다.

집짓기

혼자 있는 시간이면 집을 짓는다.
마당에는 산자락 적막이 검은 이부자리 펴고
호롱불이 가녀린 허리 흔들며 유혹하면
방 안 가득 달빛 쓰러지는
외로운 집을 짓는다. 한 칸뿐인 방
서러운 울음으로 밤 지새우고는
부끄러운 마음으로 다시 집을 허문다.
하루에도 여러 채 허물었다 짓는다.
팔공산 자락에도 짓고,
가야산 아래에도 짓고,
청도 어느 골짜기에도 짓는다.
가슴 속은 어느새 부락이 생겼지만
아직도 시간이 나면
집을 짓고 허문다.

꿈꾸는 방

모든 이가 아픔 내뱉고 간 진료실
가만히 눈을 내려 거대한 스크린 펼친다.
먼 하늘 아래,
피지섬의 비취빛 바다를 꿈꾼다.
짙푸르게 열린 하늘 아래
심장의 속살까지 내맡긴 채
온몸으로 피지의 하늘을 안는다.
산호의 바다 속에 잠기고
짙푸른 심해의 중심으로
구름 가득 허리에 감은
저녁의 지리산 중턱에 다다른다.
이름 모를 풀꽃의 향기에 속옷이 젖고
들릴 듯 사라질 듯 절간의 풍경 소리에
여기가 끝이었으면 좋겠다.
바로 잠드는 겨울밤이고 싶다.

수술실에서 · 1

누워 있는 당신은 누구인가.

허허롭게 온몸
시간의 강물에 내던진 채
상아의 살빛으로 누운
당신은 누구인가.

헤진 모포 한 장도 없이
사랑하는 이의 바랜 사진 한 장 손에 쥐고
이제 긴 여행을 떠날 시간.

문득 고개 드니
창문 사이 햇살을 타고
새하얀 영혼이 외출하고 있다.

수술실에서 · 2

살을 비집고 나온 뼛조각이
매일 같이 가슴 한복판을 찌른다.
천둥 같은 신음소리로,
단숨에 하늘로 솟구치는 너의 붉은 고통
숨 죽여 귀 기울여도
두 눈 비벼 바라 보아도
내겐 너를 편하게 할 손이 없다.
너의 아픔, 다만 온몸으로 감쌀 뿐
수십 년 굽이마다 목 놓아 부를 때는
하늘 깊이 그대는 별빛 하나 던져주지 않고
붉게 흐르던 피,
창백한 긴장으로 말라가는 시간에
비로소 당신은 장엄한 새벽을 연다.
나는 당신이기를 포기하고
이른 새벽이 오기를 기다릴 뿐이다.

베토벤, 쇼팽, 그리고 여류 피아니스트

모든 디스크는 얼굴 감춘 채
관 속의 사자처럼 누워 있었다.
가끔 어설픈 소리를 들려주곤 했지만
디스크들은 날이 갈수록 더욱 나른해져
먼지 이불 뒤집어쓰고 잠만 자고 있었다.
어느 아름다운 저녁,
새로운 디스크 한 장이
가슴 한 복판에 소담스러운 집을 지었다.
맑은 눈빛의 여자는
밤마다 베토벤과 쇼팽이 여는
가면무도회에 나를 초대하였다.
파도 치는 설렘이
머리에서 내려와 가슴 속에서 춤추었다.
떨리는 가슴 애써 숨기려 눈 감으면
어느새 하얀 햇살을 타고,
창백하게 춤추는
열 손가락 바라보며
한나절 넘게 문 가에 서 있었다.

그 여자의 피아노 소리가
그리워지는 날이 잦아졌다.

수술실에서 · 3

거침없는 한 칼에
이토록 저미는 한이 있었는지
상처들은 기다렸다는 듯 흐느낀다.
상처는 끝없는 화두만 던지고
수술등 차가운 빛은 나를 발가벗겼다.
상처가 들려준 이야기는
이제 깨어 떠나라는 것,
내가 깨어나 떠날 수 없음은
타인의 절망을 알면서도
아직도 내가 저질러야 할
엄청난 짓들이 기다리기 때문이다.
나도 모른 채 짊어진 짐을 떨치려
큰 걸음으로 걸어 보지만
더 무거운 짐 등에 얹힌다.

상해 진단서

부끄러운 듯 머뭇거리며 내미는
머리칼 한 웅큼.
이미 사망한 시신들이
하얀 종이 속에 가지런히 누워 있다.
온몸의 상처는
그날의 억울함을 푸른 목소리로 증언한다.
한때는 그리워 죽겠다고 했다.
한때는 행복해 죽겠다고 했다.
그러다 정말 죽었다.
혼자 죽기 억울해
단칼에 목을 치겠다고,
날이 시퍼렇게 선 진단서를 달라고 한다.
두고 두고 말려 죽일 수 있는
제초제 같은 진단서를 달라고 한다.
위험한 진단서를 짚고서야
설 수 있는 사람의 등은 시리다.

겨울 진료실

이른 아침 진료실 문을 열면
밤새 외로웠다고
왈칵 안겨드는 차가운 공기들.
내 부끄러운 흐느낌도 보아버린
친구보다 더 사랑한
차가운 자식들.
이제 너희들의 찬 몸 어루만지기에는
나의 겨울이 너무 깊어졌다.
다시 살아보자며
무너지는 마음 추스르며 서성거려도
때묻은 생각만 발끝에 차인다.
기척 없이 문을 연 청소아줌마
버려진 생각들을
소리 없이 들고 나간다.

절단

지지리도 못난 한 평생이
여윈 발에서 곪아 터졌다.
자식이 클수록 살은 더 썩어가고
아무에게도 내보이지 않으려던 가슴 속
허연 뼈 더 이상 감출 수 없다.
문둥이 같은 어미의 발, 절단난 것
자식들 알면 안돼요.
냄새 나는 헤진 발 치마폭에 감추며
세월 속으로 조용히 묻어 달라고 한다.
먼 산 한 번 쳐다보고
한숨 들이키며 다리 하나 절단한다.
자식도 모르게 잘려나간 것은
썩을대로 썩은 어미의 세월이었다.

임상 논문

아비의 기를 살리는
너무 귀여운
또 하나의 자식.
귀여워 쓰다듬다
가만히 다시 보니
너는 아주 무서운 꽃.
슬픈 이들의
아픔과 고통 먹고 피는
가장 붉은 꽃.
날이 갈수록
쌓이는 무서운 꽃은
언젠간
한 순간 사라질
가장 아름다운
한 웅큼 안개꽃.

철 문

정신과 병동은 육중한 철문을 가지고 있다.
금속성 저음으로 문이 열리면
주인 잃은 시선들 가득한 어항이다.
어깨와 상체는 미동도 없이
사람들이 유령처럼 떠다닌다.
무표정한 얼굴들이 버린 삶의 비린내가
아침 햇살에 더욱 뿌옇다.
바라보는 눈길 아득하지만
시선의 끝은 알 수 없는 빈 터이다.
저마다 가슴에 잠긴 문을 가지고 있다.
바깥에서 열 수 있는 열쇠는 없다.
저마다의 세상을 닫아 걸고 있다.
정신과 병실의 철문은
그들이 우리를 격리시킨 문이다.

우울한 날

길을 잃었어요.
당신의 앵앵거리는 소리 들리지 않네.
나도 귀가 들리지 않은지 오래 된다네.
봄이 왔는가 봐요.
노란 냄새가 나는 걸 보니,
노란 색은 없어
언젠가 잊어 버렸어
검은 색 외에는 아무 것도 없어
그 날 이후
비 오는 날도
아지랑이 지는 날도
안개 낀 날도
모두 검은 색으로 칠한다.
검은 색에서
비리고 지린 냄새가 난다.
내 그림이 썩고 있는가 보다.

넥타이

옷장에서 넥타이가 기다린다.
안쪽에 한물 간 넥타이가
지난 시절을 그리며
어색한 무늬로 웃고 있다.
주인의 변덕에도
일편단심 기다리고 있다.

할 일 없이 걸린 넥타이들은
주인의 지난 세월.
오늘은 유행이 지난
늙은 넥타이로 목을 맨다.

2

남해 포구

포구는 밤마다 슬픈 눈빛으로

바다를 떠도는 영혼을 유혹한다

등 뒤로 어두운 저녁이 걸린 채

바다를 향해 야릇한 눈빛 흘린다

밤 깊어 갈수록 포구의 눈빛은 붉어지고

바다는 포구 속으로 몸 구겨넣는다

겨울 양수리 · I

항상 그리워했다.
이 땅 어디엔가
강들이 서로 만나는 곳을.

홀로 물안개 피우고
아침이면 반짝이는 얼굴일지라도
바닥 저 아랜,
지난 밤 연인들이 흘린
슬픈 이별이 가라앉아 있다.

강이 저리 긴 것은
아직 끝나지 않은
슬픈 이별이 남아 있기 때문이다.

강은 외로움이다.
더 이상 견딜 수 없는 날 아침
강들은 서로 만날 것이다.

이 산천 어디에
서로의 상처 핥아주며
뜨겁게 만날 수 있는 땅이 있을 것이다.

양수리가 그러했다.

겨울 양수리 · 2

그리운 모든 것이 그러하였듯
바람 같이 스쳐 지나간 양수리.
긴 겨울을 가로질러
오늘 문득 다시 내게로 왔다.
넓은 허벅지 서로 포개듯
남한강과 북한강이 서로 몸 합쳤다.
입술 핥듯 물결은 강기슭 핥고
아침 햇살에 부끄러움도 없이
붉고 반짝이는 비늘 뒤척이며
서로의 그리움 애무하였다.
저녁 노을 지면서 강 한복판에는
듬성듬성 겨울 머리칼을 한 작은 섬이
두 강의 아이처럼 자라고 있다.
물끄러미 바라보니
양수리는 그리움이 끝나는 곳이었다.

겨울 우포

텅 빈 겨울 주차장 옆 좁은 언덕길 아래에
잿빛 옆구리를 서너 그루 포플러로 가린 채
늪은 한 쪽으로 길게 누워 있었다.
철새들에게 젖 물린 채 잠들어 있었다.
철새들의 울음 소리
철없이 매서운 겨울 바람
늪의 가슴 한복판 파고 들어도
산발한 갈대 머리카락 풀어 헤치고
새들 가슴에 품고 가만히 잠들어 있었다.
고향 떠난 자식들 생각에
부질없다, 부질없다 몇 번 늪에게 되뇌어도
떠날 철새 감싸안고 마른 젖 물리며
늪은 속으로 울고 있었다.
해마다 오는 긴 이별 때문에
늦은 오후 늪의 눈시울 붉게 젖어 있었다.

경산에서

하늘이 열리고
봄빛 사정 없이 쏟아지더니
복사꽃잎 눈이 되어
봄빛과 몸 섞어
언덕 위에 길게 누웠다.
떨어진 꽃잎들
강을 이루던 그 날
혼자 있는 서러움에
누군가 미쳐 버렸다.
하고픈 말까지 앗아 가버린 봄,
누군가 전해주는 한 마디
—형, 꽃들이 생지랄하네요.

서라벌의 봄

흐드러지게 벌어진 꽃술 속에는
눈물겨운 전설이 피어오르고
화랑의 기개도 선화의 사랑도
오늘은 하나의 꽃이 되어
길옆으로 줄 지어 서 있다.
천년의 영화가 쓰러지던 날도
눈부신 꽃잎은 한 겹 옷마저 벗어버린 채
왕의 술잔으로 떨어졌을까.
모든 게 꿈이듯
어제의 봄비에 서라벌 곳곳에는
분홍빛 꽃강이 흐른다.

반월성

계림에는 천년 전 보름달이
천연덕스럽게 소나무 가지에 걸터앉는다.

반월성에 달이 뜨면
경주는 잠들고 서라벌이 잠을 깬다.
주춧돌만 남은 마당에는 새로 기둥이 서고
남산 기슭마다 불상들 일어나 앉는다.
계곡에 넘치는 독경 소리는
동천 가로질러 서라벌 골목으로 스며든다.

반월성은 달빛 저수지로 출렁인다.
자정 넘어 성벽은 갈라지고,
습지대 저자거리는 달빛으로 넘쳐 흘러
서라벌은 치맛자락 펄럭이며
잠 이루지 못 한다.

하회 마을

강바람을 소매에 흘리면서
밤을 마다하고 달렸다.
가을이면
종일 다녀도 그 곳은 고향의 뜨락.
잠결에 일어나 둘러봐도
안심하고 다시 잠드는 곳.
전생을 묻어 두었던 곳.
하회의 물길은 날마다 푸르러 가고
할머니의 내음이
강안개 따라 휘돌아오르는
소리 죽인 속울음으로 그려지는 그림.
코스모스 낮인지 밤인지 흐드러지게 피고
머리 속은 온밤 별들이 떨어지는 소리.

가을비

떠나는 여름이 슬퍼
흘리는 눈물
도시의 새벽을 적시면,
가을은 비로소
서늘한 가슴을 내민다.
한 계절 동안
거칠게 내쉬던 숨길 가다듬으면
이맘쯤 가을은 얼굴을 든다.
사선으로 길게 누운 바람
줄기 줄기 사이로
상송이 진한 무게로 자리잡는다.
여름내 슬펐던 이 땅 위에
붉은 입술 뿌리고
나무는 천천히 옷을 벗는다.
아파하지 마라
아파하지 마라
가을비는
갈라진 아스팔트를 쓰다듬고,

부끄러워 마라
부끄러워 마라
아직 잊지 못한 것
벗을 수 있게
가을은 물안개로 커튼을 친다.

동성로

동성로에 아직 시가 남아 있을까.
예전에 그랬듯이
취한 길 위에 몇 편 널브러져 있을까.
오랫만에 찾아간 서점에는
이름 모를 일년초들만 누워 있다.
길모퉁이 돌 무렵
이십년 전 그 다방이
제목은 그대로인데
긴 목구멍 같은 지하 계단
십대의 젊음이 아우성치며 달려든다.
놀란 걸음 돌리면서도
그 자리, 그 찻잔, 그 여인 그대로일까.
다시 한 번 뒤돌아본다.
휑하니 택시 타고 돌아오는 길
차마 못다 지운 얼굴들이
아직 길 위에 뒹구는데
세월은 동성로를 지나서 서 있다.

낯선 풍경
— 스위스 다보스에서

나그네는 항상 밤에 도착한다.
늦은 밤일지라도
알프스는 먼 눈사태 소리로
마을을 깨워
나그네의 도착을 알린다.
눈 덮인 언덕 위 작은 교회,
교회 속의 외로운 등불이었던 별들은
소리 없이 골짜기로 내려와
눈 위에서 잠들고,
이국 먼 산 어둠 속으로 높아만 갈 때
멀리 교회 종소리 들린다.
싱겁게 키 큰 침엽수들이
긴 손가락 눈 속으로 묻은 채
푸드득 푸드득 어깨의 눈 털며
나그네의 아침을 깨운다.

일본을 다녀와서

오오사카는 비
가랑비
소나기
태풍
대륙을 향한 태풍

꿈꾸는 일본의
〈아리가도 고자이마스〉
속의 칼날

맑은 가을의 한 가운데서
몰려오던
한 겨울 추위로
두려워하며 지냈다.

교토의 붉은 단풍 속에서도
핏빛이 떠올랐다.

김해를 밟고서도
한참 동안 멍한 가슴
어디로 가야 하나.

저편 해변에 눕다
— 깐꾼에서

흰 모래 위에 몸 눕힌다.
발가락 사이로
카리브의 질푸른 근육이 몸을 뒤튼다.
용서할 수 없는 완벽한 쪽빛
고려청자가 떠다닌다.
벌거벗은 적도의 태양은
어설프게 탈색된 내 어깨를 핥고
멀리 야자 열매 떨어지는 소리
시간의 셔터 내리는 소리
숨 막힐 듯 완벽한 자유
푸른 빛 햇살의 휘장 속에서
원주민의 싱싱한 젊음이 서로 희롱한다.
푸른 미나리내난다.
밤이 되니 세상의 모든 달빛들
카리브 수평선 위로 모여
또 한번 완벽한 질식이다.

카리브의 푸른 창

생각 없이 호텔 방문을 열었다

놀라 한 걸음 뒤로 물러섰다

짙푸른 카리브해가 벌떡 일어선 채

창문 가득 버티고 서 있었다

방 안은 카리브해의

푸른 눈빛으로 가득하였다

3

시장 풍경

팔달시장 사람들의 슬픔은 진하다.
지워지지 않는 얼굴의 검정과
풀풀 풍기는 오징어 비린내.
굽이친 세월 따라 허리도 굽고
한 뼘 가슴도 건너지 못하는 말들 주고 받으며
공장 연기 깊이 들이마시고
늦은 오후 허리 젖혀 하늘을 본다.
색깔만으로도 슬퍼지는 가을 속에
노원동 어두운 골목은 더욱 어두워진다.
저녁은 어물전 할매의 시린 무릎 위로
늙은 퇴기의 슬픔만큼이나
붉은 네온사인으로 시작된다.

두 통

눈을 뜨니
아기 주먹만한 통증이 뒷머리에 붙었다.
밤새 내 꿈 갉아먹고도
못다 먹은 것 있는지
출근길까지 따라 나선다.

점심 나절에 벌레로 변했는지
머릿속이 꼼지락거린다.
간지럽다.
생각들이 서로 몸 비벼댄다.

언제 쫓겨날까 두려움에
머리채 두 손으로 웅켜잡는다.
내 잠들기만 기다리며
욱신욱신 심장을 헐떡이는
너는 목숨 끝까지 같이 갈
내 생존 알리는 붉은 점멸등.

녹차 한 잔

찻잔 가득 푸른 가을을 풀어낸다.
온 가을 녹인 싸한 입김으로
내 입술 훔쳐 달아나고,
찻잔 속으로
지난 날의 그리움이
바다 속 깊이 가라앉는다.
신새벽 피어오르는
물안개와 같이
흐느끼는 몸짓으로
내내 무엇이 아쉬워
싸늘한 허공 가르는가.
뒤따라 하늘로 향하는가.
누구를 위한 기도인가.
남은 잎사귀들은
또 다른 가을 만들어내고 있다.

그림 그리기

그건 결국 그림 한 점
한 장 밖에 주어지지 않는
하얀 백지
칠하면 지울 수 없는
온몸으로 그리는 작업
이미 반쯤 그려진 그림
지금쯤 한 번 멀리서
전체를 바라보고 싶다.

그리기의 끝에는
누구나 만나는, 긴 여운
시간이 모자란 이도
물감이 모자란 이도
누구에게나
화첩을 접을 시간은 온다.

몇 점의 그림 외에는
아무도 다시

들춰보지 않을 작품들.

내내 접혀져 있더라도
새벽의 그림보다는
붉디 붉은
지독한 황혼을 그리고 싶다.

농 부

기찻길 옆 넓은 밭 속에 외딴집 짓고
파꽃 같은 얼굴로
하늘만 보고 사는 한 농부를 안다.
어제는 군위에서 상치밭 일구고
오늘은 하양 어디쯤에서
땅 속 깊이 믿음을 심는다.

소나기 내려 쉬는 날이면
벌판의 몸부림,
강의 긴 흐느낌까지
보이는 모든 것 가슴에 주워 담고,
하늘의 소리에 따라
두 발 땅 속 깊이 내리고
한 포기 채소가 된다.

가을 달빛 등에 업히면
막걸리 한 사발로
땅에게 진 모든 빚 다 갚고,

긴 겨울밤
새끼줄 매듭에 정 엮으며 살고 있다.

고향 소묘 · 1
— 사모곡

밤마다 달 뜨는 차가운 뜨락.
할아버지 발자국 소리만큼
마을 뒷산엔
엄니의 한숨 소리 쌓이고
밤마다 바람 따라 산새되기를 빌었다.
감나무 까치밥이
외로움으로 흔들거릴 때,
엄니의 꿈은
봉창 사이 달빛에 밤새 희어져
하얗게 말라 있었다.
시집살이 세월은
해거름 군불 연기되어 사라지고
죽어서도 머리 두지 않을 이곳에
칡뿌리처럼 내린 옛정
다시 들어선 어귀에서
그날되어 눈발 날린다.

고향 소묘 · 2
— 여름

여름의 끝은 못 다한 혼령인 양
어두워진 앞마당을 서성이고,
할아버지 누우신 선산은 이미 잠들었다.
얕은 계곡은 여름내 나에게 눈길 한 번 주지 않는다.

모든 게 조용해진 고향 어귀는
항상 저려오는 심장으로 시작된다.
끊어지지 않는 탯줄 같은 인연으로
살아 퍼덕이는 심장의 고동으로 만난다.
알 수 없는 뜨거운 끈 하나 손에 잡힌다.

아무런 기약 없이 홀로 된 것을
혼자 뜬 달 보며 알았지만
영문 모르게 밤마다 앞산에서 내려오는
꺼이꺼이 긴 울음 같은 끈 하나가 있다.

귀 향

멀리 저 산은, 굽이굽이 저 강은
돌아오기 쉬울 거다.
버린 것 많아 돌아오기 쉬울 거다.
돌아가기로 약속된 길은
갈수록 멀어만 가는데,
낙엽 떨구어 겨울을 만들 듯
그 무엇을 떨구어야 돌아가기 쉬울까.
꺼져가는 촛불 하나 힘겨워 할진데
돌아오긴 참 힘들 거다.
겨울이 깊어 갈수록
돌아오긴 힘들 거다.
돌아올 길목에 서니
휘돌아 흐르는 물길 따라
되돌아갈 길은 멀기만 한데,
소쩍새 울음 같은 할아버지의 목소리
얘야, 이젠 돌아올 시간이다.

한 여름밤 파밭에 서다

여름밤을 가로질러 넓은 파밭 앞에 선다.
긴 강둑을 베고 누운 넓은 들녘에
어두움에 머리를 박은 파들이
꽁지 세운 채 엎드려 잠들 채비를 한다.
일어나라, 개구리가 저렇게 목청 높여 울고
밤바람이 가는 허리로 흔들어 깨우는데,
뜨거운 햇살에 푹 익어버린 보름달도
힘겹게 붉게 익은 얼굴을 내미는데,
산천과 들판을 깨우고
벌판에 살아 있는 것들을 다 불러 모아라.
밤이 깊어진 시간
대구선 늦은 열차가 북으로 떠나며
말끝 흐리며 하는 말
아직 네 자리가 아니다.
한참을 더 버린 후 다시 오라 한다.

가을강

가을의 이름으로 부탁하노니 멈추어 주세요.
이젠 흐름도 지쳐서 돌아가야 합니다.
이미 떨어진 낙엽 같이
사라짐에 대한 두려움은 없지만
목숨이 있는한 돌아갈까 합니다.
다시는 이곳으로 오지 않을지도 모릅니다.
가진 것 모두 버릴지언정
돌아가면 돌담 옆에 쪼그려
한줌 햇볕으로만 살아 갈 겁니다.
휘날리는 흰 머리카락 한 올마다
서러움에 콧날이 시큰하지만
갈대 사이로 노을이 깊어 갈수록
아버님의 날을 향하여 바쁜 걸음을 합니다.
이렇게 하루 하루
기억이 시작된 날로 되돌아 가면
그 다음 되돌아 갈 곳은 할아버지의 땅인가요.
나이를 먹을수록 어려지는 이유를
이 가을 늦게서야 알았습니다.

저 강의 흐름이 끝나는 날
저는 아버님을 꿈꿀 것입니다.

풍 란

고향을 향한 한 줄기 푸른 안테나.
일생을 통해
한 번이라도 고향 소식 듣기 위해
좁은 진료실 창 가에서
혼신을 다하여 손을 든다.
남녘 바다를 향한 바위품에 안겨
해풍과 몸을 섞으며
바다 건너 소식을 가슴으로 읽었던
푸른 팔들이 사방으로 팔 벌렸다.
며칠 전까지도
손가락 끝에서 비릿한 바다 냄새가 일고.
잔잔한 파도도 일고
지나는 어부의 뱃전으로, 바람에 부쳐
진료실에서 안부도 띄웠다.
유독 그리움이 진하던 며칠이 지나고
모든 잎이 하얗게 말라 있었다.
고향 바다 바람이 일면서
그날 오후 내내 슬픔으로 지냈다.

서 설

간지러운 솜털 몸짓이
새색시 치마 자락 스쳐가듯
시작한 그날도
가슴이 열리면서 바람에 날려
겨울나무 가지로
아스팔트 위로
몸부림치다가
세월의 다리를 건너
마당 어귀 짚더미 위로 쓰러져 안긴다.
쌓인 눈 아래의 메마름은
밤이 되면 눈물되어 흐르고
뒤집어 쓴 무명 이불 아래서
피어오른 몸서리치는 그리움
눈 오는 날은
어릴 적 고향으로 가는 날.

섬

늦은 오후 낮은 언덕에 잠시 머무르는 사이,
지산동 불빛들이 반짝이는 물결이 되어
서서히 계곡 사이를 차오른다.
물결은 저마다 비늘을 번뜩이고
산은 어느새 고독한 섬이 된다.
밤이 만든 도시의 바다 가운데
작은 섬이 솟아오른다.
바다 속에선 달이 보이지 않고
섬만이 창백한 달빛에 저 혼자 숨이 차다.
바다 속엔 두 눈에 불을 켠 작은 고기들이
네온의 해류를 따라 이리저리 떼 지어 몰려다닌다.
간혹 깡마른 소리 지르면서 줄줄이 머물고
바다가 잠들 때까지 섬에 남고 싶지만,
어쩔 수 없는 나도 한 마리 물고기
꼬리를 흔들며 네온의 바다 속으로 스며든다.

수성못

바람 같은 그대 생각에
가슴은 잔물결 지네.
마른 잎 떨구면서
나지막이 그대 불러보면
바람이었던 그대
물결되어 다가오네.
그리움은 아픔이지만
그대를 기억하는 길.
그리움은 아픔이지만
그대에게 다가 설 수 있는 길.
오늘도 온종일
그대가
머릿속에 출렁이네.

4

봄은 순결한 피로 시작되고

만나는 가지마다
겨울 옷자락 떨어뜨리고 있다.
어제 내린 봄비로 세수하고
오늘 아침 화장은 짙푸른 색조.

쓰라린 봄이여.
눈이 쓰리도록 애처로운 꽃망울은
끝내 온몸을 찢긴다.
누이 같은 어여쁨은
어찌 초경 같은
순결한 아픔을 앞세우는가.

이 봄도 가지마다
동그란 순결의 피망울을 달고
봄비와 함께
작은 눈물 맺는다.

야생초

쓸쓸해 하던 며칠 지나고
하나 둘 이름 모를 들꽃들이 입양되어
가장 양지바른 곳에 자리한다.
낳아보지도 않은 딸아이 머리 땋아주듯
아내는 꽃들의 정수리를 단장한다.
하루가 다르게 꽃의 엄마가 된다.

아내는 매일매일
또 다른 아이들을 잉태하고 있다.
저 꽃들은 아내의 세월을 먹고 자라는
또 하나의 자식임을
꽃을 바라보는 눈빛과 가슴을 보고 알았다.

아내가 앉았던 자리
아이들에게 바친 세월의 조각들이
마른 꽃가지와 붉은 꽃잎되어 흩어져있다.
나도 어설프게 애들 이름을 외워본다.
사계국화, 단풍제비, 애기부처꽃…….

빈 집

차마 버리지 못한 집 한 채 쓰러지고 있다.
머리쪽에 피부병을 앓더니
검은 머리카락들이 빠지더니
끝내 이마로 흐린 물이 흘러내린다.
작년 폭풍에는 허리 심하게 다쳤다.
이젠 일어설 수 없음을 스스로 알고서는
더 이상 기동하지 않는다.
누에가 뽕잎 갉아먹듯이
다섯 남매가 갉아먹고 가버린 집은
휑하니 작은 허물이 되었다.
아버지, 어머니
모두 떠난 빈 허물 속에 조용히 앉아
늙은 애벌레 같은 자식들을 기다릴 때,
빈 집의 기둥 하나
또 소리 없이 기울어진다.

봄날에

나는 너에게 준 게 없는데
너는 잊지도 않고 나에게
감당치 못할 네 몸을 던진다.
굽어버린 길,
너무 멀리 와 버린 길
바라보는 눈길마다
먼 산의 아지랑이마냥 어지럽다.
아무런 생각 없이
뚝뚝 떨어뜨리는 네 눈물에
어깨만 속절없이 쓸쓸해진다.
나는 준 것이 없는데
나에게 주는 붉은 속앓이들.
아프게 저려오는 긴 저음으로
끝내 언덕에 서서 피리를 불게 한다.
해마다 이맘때면
터질 것 같은 가슴 앞세운
네가 주는 긴 아픔을 기다린다.

봄꽃

꽃들이 미쳤다.
백목련 환장하게 피더니
뇌졸중으로 갑자기 쓰러졌다.
매화꽃 바람나서 집 나가더니
라일락 향기만 안개처럼 진하다.
눈에 보이는 모든 것 떠난 날
봄비가 푸른 잎을 새로 데리고 왔다.

꽃잎 하나만 내 가슴에 앉았다.
덜 핀 꽃잎은 마냥 붉고,
내 가슴은 아직은 따뜻하다.
이해할 수 없는 듯
온몸으로 파르르 떨며
마지막 꽃잎 하나 안도의 눈물 흘린다.

가슴의 진한 피 끌어올려
네 뿌리 받는다. 나비되어 떠나더라도
네게 손 흔들어주마.

달 빛

잠결에 거실에 서니
베란다 꽃잎이
달빛 위로 쓰러져 잠들어 있다.

살며시 방문 열어보니
아이들 꿈은
달빛 속에 깨끗하다.

아내의 잠든 얼굴
달빛으로 새로이 고와지는데,
우리들 사랑은
매일 밤 달빛으로 왔었나 보다.

온 밤
온 집
하얀 달빛에 숨이 막힌다.

속절없이

새벽 잠 깨운 건
가슴 한 가득
흰 달빛이었나 보다.

하늘이 눈부신 날은

하늘이 눈부신 날은 눈물이 난다.
하늘이 높아 갈수록
가슴 속 그림자는 짙어가고,
회한은 바다 같이 울렁이다 깊어간다.
바람 한 줄기에도 가슴이 쓰려올 때
당신의 사랑은 넓어만 가고
하늘이 푸르른 날은 눈물이 난다.
바람 속에는 당신의 미소 풀풀 날리고
푸르른 하늘 끝내 물감되어
눈 속으로 떨어진다.
당신의 깊은 주름은
끝간 데 없는 긴긴 사랑을 풀어내고
뒤뜰 무성한 잡초는 당신의 여유로움인 양
여름 하루해 지나도록 그냥 둔다.
흩날리는 풀내음 속에
당신의 숨길은 물기를 머금고,
눈 감으면 어느새 당신은 내 가슴 속에 앉는다.

떠도는 혼

어제는 하나
오늘은 둘
더해지는 낙엽의 수만큼
가을이 깊을수록
떠도는 영혼이 많아진다.
낙엽이 쌓일수록
고개 숙여지고
땅 보고 걷는 날이 많아진다.
야윈 영혼 쌓일수록
귀밑머리는 희어지고,
고개 들어 가을을 보니
그대는 이미 겨울 속에 가 있다.
가을이 더 멀어지기 전
버리고 싶은 가슴 속의
흰 머리 한 웅큼.

가을 전시회

가을이 되면 가난한 이는
홀로 작은 전시회를 연다.
빈 가슴에.

첫 네온 불빛이
저녁 햇살을 떠나보내는 시간.
플라타너스 그늘 낮게 드리운
낯선 골목길,
젖은 눈망울 같은 투명한 창과
베이지색 불빛을 가진 찻집.

고독한 여인이 탄 커피 한 잔.
무반주 첼로 소나타.
창 밖에는 소리 없는 가을비 한 줄기.

매년 가을이 되면 그려지는
만나지 못할 풍경 하나.
가슴 속 빈 벽에

걸려 있는 풍경 하나.

강 가의 나무

강 가의 나무로 태어나
두 다리 땅에 묶인 채
흐르는 강물 위로
대처로 자식 내보내듯
낙엽 떨어뜨린다.

흐르는 세월 속에
슬픈 기억 하나 띄워보내듯
낙엽 하나 떨군다.

흐르지 못하는 안타까움에
눈길만 강물 따라 흘려 보내고
가슴 저미는 그리움으로
하루, 하루
껍질만 두꺼워지는가 보다.

지난 날 보았던
어머님의 거친 손마디도

아마 우리들에 대한
그리움이었나 보다.

그대 맞는가?

유달리 은행나무 그늘이 깊었던 그 봄날
이 정원에서
하얗게 윤기 나는 피부를 반짝이며,
맑은 눈동자를 말없이 깜박였던 이가
그대 맞는가?

연못도 없는 이곳을
행연이라 부른 이유를 채 알기도 전에
건조하도록 매운 포르말린 냄새에 야위어진 가슴
두터운 해부학 책으로 가리고
적벽돌 건물 아래서
봄을 맞이하던 창백한 얼굴의 그 누군가가
그대 맞는가?

동성로 주점 탁자 위엔
시험에 절은 젊음이 힘 없이 쓰러져 갔고,
새벽녘 거리엔 어김없이
설익은 의학 용어와

폐와 심장의 이야기들이 흩어져 있어도
푸석한 얼굴에 눈망울 초롱하던
내 옆의 그 누군가가
그대 맞는가?

서로 헤어진 길을 걸었다.
물과 같이 흘렀고,
바람 같이 떠다니다
길을 한바퀴 돌아 이 마당에서 다시 만났네.
헐렁한 세월의 배낭을 맨 채 내 앞에 선
흰 머리카락의 중후한 사람이
그대 맞는가?

여름비

저녁 안개 속으로 떠난 그리움
밤새 가슴 태우다가
새벽녘에서야
비가 되어 돌아 왔다.
신새벽에 흩날리는 빗방울들
모두 그리움인 걸
아스팔트 위로 부서지는 빗방울들 모두
그대를 향한 안타까운 몸짓들
빗방울마다 이는 파문
그대를 향해 번지는 그리움
고였다가 흐르는 빗물
그대를 향한 넘치는 그리움
이 비 그치면 하늘엔 무지개 떠도
그대를 향한 그리움은
눈물 속에 황혼을 담고
떠나야 하는 것.
비 그치면,
그리움 있을 곳 없어

내내 비는 내려야 한다.
내일하고도 모레
그리움이 씻길 때까지.

노 을

거두어줄 이 없는 야생화처럼
떠도는 영혼 하나
제자리하지 못하고
노을 진 들판에 서서
찬바람에 흔들리고 있네.
패랭이꽃 한 포기
지는 해 보면서 떨고 섰네.
어두운 하늘에는
별들이 박히겠지만,
패랭이꽃 가슴엔
아직 별이 뜨지 않네.
다가올 긴 여정만큼
저녁놀은 적막하기만 하네.
관절마다 굵어진 늙은 손 하나가
지독한 황혼과 지평선 위에
홀로 선 사람 같은 들꽃 하나 그리네.

그대 잠드니

그대가 잠드니 해가 졌습니다.
아카시아 피는 소리에 취해
어두운 밤길 걸었습니다.
길의 끝은 그대 꿈 속이지만
언저리만 맴돌다 오는 길은
달빛 하나만으로도 슬펐습니다.
돌아와 앉은 길섶
이름 없는 풀꽃 보며
밤새워 서럽게 울었습니다.
버리고 온 외로움은
새벽녘 안개로 되돌아오고
그대 떠나니
또 다시 해가 졌습니다.

| 해설 |

시가 그의 몸에 손을 얹는다

김선굉(시인)

1

생의 어느 한 순간 시가 그에게로 와서 그의 몸에 손을 얹기 시작한 것 같다. 의사의 길을 오래 걸어가던 어느 늦가을 저녁 무렵이었으리라. 그는 그의 몸에 와 닿은 시의 손길을 느끼며, 문학 청년 시절의 아득한 추억 속으로 걸어 들어갔으리라. 그리고 〈나의 작은 세계에서는 늦가을 저녁 놀이 어떤 삶의 절규보다 붉었고 가슴 뛰게 했〉(「자서」)다고 되뇌이는 것이었다. 이 고백은 너무 오래 시를 잊고 살아온 세월에 대한 반성이자 시를 향한 새로운 결의다. 시는 그의 몸에 손을 대면서, 뭐 이런 바보 의사가 있는가, 소아 정형외과의 세계적인 권위자라는 사람이 제 몸의 상처가 얼마나 깊은지 모르고 있으니, 이런 한심한 일 또한

드물 것이라고 생각했으리라.

송광순의 시를 읽어나가면서, 나는 의학적 아카데미즘보다 문학적 리리시즘이 그의 앞날을 비추는 비중이 늘어날 것이며, 그 시정신이 그의 몸을 어루만지고 상처를 치유해 나갈 것이라는 예감을 갖는다. 그의 냉철한 아카데미즘은 어느 날 문득 시의 프리즘을 통해 제 몸을 살피기 시작했다. 손을 좀더 깊이 집어넣어 내면을 더듬어 보는 것이었다. 시의 체온계로 재는 그의 몸은 뜨거웠으며, 치유하기 어려운 상처가 있었다. 시는 어떤 처방으로도 다스리기 어려운 그의 몸을 어루만지고 상처를 다스려 나가기 시작했다. 〈자기 집 불타는 줄도 모르〉고, 〈붉은 슬픔으로 칠해진〉〈남의 집만 고치〉는 〈바보 목수〉의 집을 정성을 다해 수리해 나가기 시작한 것이다.

〈살을 비집고 나온 뼛조각〉에 〈매일 같이 가슴 한복판을〉(「수술실에서 · 2」) 찔리면서, 무언가를 〈항상 그리워하〉(「겨울 양수리 · 1」)며 살아온 데서 알 수 있듯이, 송광순은 애초에 시인의 몸과 마음을 타고난 사내였다. 늘 단정한 슈트로 몸을 가리고 맑은 안경알로 눈의 날카로움을 강화하지만, 이 시집은 그가 〈항상 그리워하〉면서 기다린 것이 시라는 사실을 강하게 암시하고 있다. 그는 순한 아이처럼 오랜 이별 끝에 다가온 시에게 몸을 맡겼으며, 그런 세월이 제법 길었다. 시는 그에게 우선 기도를 막고 있는 울분부터 토해내라고 다그친다. 세계적인 학술지에 비중 있는 논문을 발표하는 꽤 똑똑한 의사란 놈이 이 지경이니 답답한 일이라며, 목을 뒤로 젖히고 가슴을 강하게 압박하자, 한 덩이 피를 울컥 토해내는 것이었다.

나는 남의 집만 고치는 목수다.

영혼이 잠시 머물 집.
붉은 슬픔으로 칠해진
철거 날짜 정해진 집을 수리하는
재개발 지역의 가난한 목수다.

누군가 목수의 집도 부서지느냐고 물었다.

남의 집 수리하느라
내 집 불타는 줄도 모르는
나는 바보 목수다.

—「나는 목수다」 전문

이 작품은 의외로 수줍음이 많은 송광순이 세상을 향해 대담하게 던지는 시인 선언이다. 그리고 의사의 길로 매진해온 그의 인생이 서정의 지평쪽으로 시선을 돌리는 의미

심장한 분수령이 되고 있다. 그는 시에 힘입어 스스로 〈바보 목수〉라는 인문주의적 자성에 도달하면서 한 사람의 서정시인으로 다시 태어나는 것이다. 이러한 돈오돈수적 각성은 그가 제대로 된 목수의 길을 걸어왔기 때문에 얻을 수 있었다는 측면에서 상당히 역설적이다. 그가 의사로서 치열하게 살아오지 않았다면 서정의 축제 속으로 눈을 돌릴 수 있는 〈바보 목수〉가 되기 어려웠을 것이다. 디오니소스적 상상력의 복원은 그의 인생을 일에서 축제로 옮겨가는 고품질 에너지가 될 것이다. 다시 말해서 시가 그의 몸에 손을 얹고 체온과 맥박을 재면서 진단하고 처방한 것처럼, 그는 더 진지하고 섬세한 자세로 〈붉은 슬픔으로 칠해진/ 철거 날짜 정해진 집만 수리하는 목수〉이자 서정시인으로 살아가게 될 것이다.

2

〈바보 목수〉가 된 후 송광순은 서서히 기력을 회복하면서 호흡을 가다듬고 자신의 삶을 끌어안을 수 있는 근력과 인생을 구가할 수 있는 폐활량을 확보해 나가기 시작한다. 그러던 어느 날 낯선 강 가에 서서 유정하게 한 곡조 뽑아내는 것이었다.

항상 그리워했다.

이 땅 어디엔가
강물이 서로 만나는 곳을.

홀로 물안개 피우고,
아침이면 반짝이는 얼굴일지라도
바닥 저 아랜,
지난 밤 연인들이 흘린
슬픈 이별이 가라앉아 있다.

강이 저리 긴 것은
아직 끝나지 않은
슬픈 이별이 길게 남아 있기 때문이다.

강은 외로움이다.
더 이상 견딜 수 없는 날 아침
강들은 서로 만날 것이다.

이 산천 어디에
서로의 상처를 핥아주며
뜨겁게 만날 수 있는 땅이 있을 것이다.

양수리가 그러했다.

—「겨울 양수리 · 1」 전문

이 작품은 그의 내면에 잠복한 상처가 얼마나 깊은지를 보여주면서, 그 상처가 시의 세례를 통해 치유될 것임을 암시하고 있는 감동적인 여행시다. 〈이 산천 어디에/서로의 상처를 핥아주며/뜨겁게 만날 수 있는 땅이 있을 것이〉라고 노래할 때, 그 〈땅〉은 송광순이 꿈꾸어 마지않던 시와 서정의 영토에 다름아니다. 이것은 〈더 이상 견딜 수 없는〉〈외로움〉 끝에 이윽고 시와 〈뜨겁게 만〉난 것이며, 생의 한 순간을 영원으로 치환하면서 시인의 길을 걸어가겠다는 강도 높은 자성 예언이다. 〈홀로 물안개 피우고,/아침이면 반짝이는 얼굴일지라도〉, 〈혼자서 흐르는 강은 외로움이다.〉 양수리는 송광순이 긴 이별 끝에 시와 극적으로 상봉하여 〈서로의 상처를 핥아주〉는 상징적인 지점이다. 그의 작품 가운데서도 「양수리」를 비롯한 여행 시편들은 높은 완성도와 에스프리를 보여주면서 작품 세계의 중요한 한 축을 이루고 있다.

생각 없이 호텔 창문을 열었다.

놀라 한 걸음 뒤로 물러섰다.

짙푸른 카리브해가 벌떡 일어선 채

창문 가득 버티고 서 있었다.

방 안은 카리브해의

푸른 눈빛으로 가득했다.

—「카리브의 푸른 창」 전문

우리는 이 작품에서 아무 〈생각 없이 호텔 창문을 열〉고 〈놀라 한 걸음 뒤로 물러서〉는 한 사람의 이미지스트를 만난다. 카리브해의 한 단면을 대담하게 미분하면서 참 맛있는 시를 빚어내고 있는 것이다. 그는 〈늪〉이 〈철새들에게 젖 물린 채 길게 잠들어 있〉(「겨울 우포」)으며, 〈반월성에 달이 뜨면/남산 기슭마다 불상들은 일어나 앉〉(「반월성」)는다고 노래한다. 또 〈나그네는 항상 밤에 도착한다〉(「낯선 풍경-스위스 다보스에서」)며 노련한 여행자의 면모를 보여주기도 한다. 거기에다 〈저녁은/늙은 퇴기의 슬픔만큼이나/붉은 네온사인으로 시작된다〉(「시장 풍경」)는 삶의 현장에 대한 서정적 탐색까지 포함하면, 그의 여행 시는 서정성과 리얼리티를 함께 아우르는 미덕을 지니고 있다. 여행 시를 중심으로 이야기한다면 송광순의 첫 시집은 〈바보 목수〉가 제 몸의 상처를 다스려 나가는 과정을 노래한 것이며, 병원을 무대로 한 삶의 현장에서 서정적 피안의 세계인

〈양수리〉에 이르는 머나먼 여정을 기록한 것이다.

인생의 많은 부분은 운명에 속한다. 송광순이 추억의 심연을 되돌아보며 불현듯 시를 쓰기 시작한 것 또한 운명의 체온이 느껴지는 대목이다. 그의 작품을 읽어나가면서, 나는 그가 참 다치기 쉬운 섬세한 가슴을 가진 시인이라는 사실을 확인한다. 그의 문맥들은 여리고 순결한 내면을 진솔하게 반영하고 있으며, 남다른 측은지심을 지닌 휴머니스트라는 사실을 강하게 내비치고 있다. 〈바보 목수〉와 같은 고백적 시편들은 그의 여린 내면을 뢴트겐처럼 선명히 찍어내고 있다. 시의 행간에 투영된 그의 아이덴티티는 의사보다 시인에 더 가깝다. 저런 새가슴으로 어떻게 정형외과 의사로서 험한 일을 감당할 수 있었나 싶고, 한편으로는 저런 여리고 따뜻한 가슴이 있어서 훌륭한 의사가 되었겠다 싶기도 하다.

3

여행 시편들과 함께 그의 시 세계를 이루는 영역은 고향 회귀의 시선과 직업을 테마로 한 시편들이다.

> 여름의 끝은 못다 한 혼령인 양
> 어두워진 앞마당을 서성이고,

할아버지 누우신 선산은 이미 잠들었다.
얕은 계곡은 여름내 나에게 눈길 한 번 주지 않는다.

—「고향 소묘 · 2」 부분

살을 비집고 나온 뼛조각이
매일 같이 가슴 한복판을 찌른다.
천둥 같은 신음 소리로
단숨에 하늘로 솟구치는 너의 붉은 고통
숨 죽여 귀 기울여도
두 눈 비벼 바라 보아도
내겐 너를 편하게 할 손이 없다.

—「수술실에서 · 2」 부분

고향과 직업 쪽으로 시선을 돌릴 때, 그의 시정신은 짙은 페이소스에 잠기는 경향이 있다. 〈나에게 눈길 한 번 주지 않는〉 고향에 대한 소외감과 〈너를 편하게 할 손이 없〉는 의사로서 어쩔 수 없는 한계가 그를 깊은 탄식으로 몰고 갔으리라. 그러나 「고향 소묘」 시리즈와 〈멀리 저 산은, 굽이굽이 저 강은/돌아오기 쉬울 거〉라고 노래하는 「귀향」과 같은 작품들은 한 발짝씩 고향으로 다가가고자 하는 회귀 본능이 육화되고 있다. 「수술실에서」 시리즈와 〈위험한 진단서를 짚고서야/설 수 있는 사람의 등은 시리다〉고 노래하는 「상해진단서」와 같은 작품들 또한 현장감 넘치는 리얼리티와 서정성을 확보하고 있다. 이러한 시편들은 그의 시정신이 어느 영역에 가닿고 있는지를 선명하게 보여주고 있다. 고향과 여행지, 병원 등 그의 시선이 가닿는 지점들의 시간적, 실제적 거리는 엄청나게 멀지만, 심리적, 서정적 거리는 아주 가깝다.

그는 모든 상황을 안타까운 연민의 눈으로 바라보고 있으며, 그 본질을 비극적 서정으로 해석한다. 〈한숨 들이키며 상한 다리 하나 절단〉(「절단」)해 내는 것처럼 직업을 테마로 한 시에서는 리얼리즘이 강하게 구사되기도 하지만, 〈모든 이가 아픔을 내뱉고 간 진료실〉에서 〈가만히 눈을 내려 거대한 스크린을 펼치〉(「꿈꾸는 방」)면서 애틋한 서정의 세계로 회귀해 가는 것이다. 이처럼 송광순은 고향을 테마로 한 추억과 여행을 테마로 한 방랑은 물론 직업을 테마로 한 현실 감각까지 서정의 심연에서 길어올린 리리시즘으로 환원하고 있다. 그 세계의 미학적 의미를 떠나 이것은 첫시집을 상재하는 송광순의 서정적 아이덴티티라는 점에서 중요한 의미를 갖고 있다.

4

옷장에서 넥타이가 기다린다.

안쪽에 한물 간 넥타이가
지난 시절을 그리며
어색한 무늬로 웃고 있다.
주인의 변덕에도
일편단심 기다리고 있다.

할 일 없이 걸린 넥타이들은
주인의 지난 세월.
오늘은 유행이 지난
늙은 넥타이로 목을 맨다.

—「넥타이」 전문

그의 작품 세계가 거느리는 이미지와 정서는 〈늙은 넥타이〉의 상징쪽으로 많이 기울어져 있다. 특히 추억의 심연에서 길어올린 고향 회귀의 작품들이 그렇고, 여행 시편들과 직업 시편들 또한 과거의 시간대 속으로 회귀해 가는 빈도가 잦은 편이다. 〈주인의 변덕에도/일편단심 기다리고 있〉었던 것이 어디 넥타이뿐이겠는가. 고향이 그렇고, 일이 그렇고, 무엇보다도 언젠가 다시 만날 것을 예감하면서 기다려 마지않던 시가 그렇지 않았겠는가. 나는 앞에서 시가 그에게로 왔다고 했지만, 〈항상 그리워하〉면서 그를 기다린 것은 시가 아니었겠는가. 나는 송광순과 시가 만나는 사실 그 자체를 다시 시의 길로 접어든 송광순의 첫시집이 안고 있는 귀한 수확이라고 생각한다.

어쩌면 시인으로서의 정체성을 확인하고 또 확인해야 한다는 관념이 그를 휩쌌으리라. 〈바람 같이 스쳐 지나간 양수리〉가 〈긴 겨울을 가로질러/오늘 문득 다시 내게로 왔〉(「겨울 양수리 · 2」)듯이, 그는 오랜 세월을 건너 그에게로 와서 그의 몸에 손을 얹고 있는 시를 향해 손을 내민 것이다. 어느 〈늦가을 저녁놀〉을 배경으로 한 시와의 해후. 참 오랜만에 시와 나누는 두렵고도 가슴 시린 악수. 그 운명적인 악수를 통해 송광순은 자신의 인생과 내면을 깊숙이 들여다보게 되었으며, 거기에서 〈자기 집 불타는 줄도 모르는〉 〈바보 목수〉를 만나는 것이다. 이 바보 목수의 인식이 더 훌륭한 목수의 길을 비추고 있으며, 그를 서정의 숲 속으로 깊이 걸어들어가게 하고 있다.

나는 그의 첫시집을 통해 히포크라테스의 정신에 디오니소스적 서정이 스며들어, 의사로서의 일 자체가 축제로 환원되는 행복한 사건이 일어날 것임을 예감한다. 그러나 많이 힘들고 괴로울 것이다. 시는 이 첫시집을 계기로 하여 지금과는 다른 차원에서 송광순을 통해 자신의 존재를 확인하려 들 것이고, 지금까지와는 다른 강도로 그를 몰아칠 것이기 때문이다. 송광순은 본격적으로 시와 대면해 나가게 될 것이고, 시의 요구에 적극적으로 반응해 나가지

않으면 안 되는 운명과 마주 설 것이다. 이게 그에게서 보다 엄격한 언어 미학에 무게 중심을 둔, 더 맛있는 시집, 더 유연하면서도 재미있는 두 번째 시집을 기대하는 근거이다.

송광순

1955년 경북 칠곡에서 태어나
경북대학교 의과대학을 졸업했다.
1995년 『심상』으로 등단했으며,
계명대학교 동산의료원 교수로 재직하고 있다.

나는 목수다

초판 인쇄 / 2006년 8월 25일
초판 발행 / 2006년 9월 1일

지은이 / 송 광 순
펴낸이 / 박 진 환

펴낸곳 / 만인사
등록번호 / 1996년 4월 20일 제03-01-306호
주소 / 대구광역시 중구 봉산동 235-11
전화 / (053)422-0550
팩시밀리 / (053)426-9543
E-mail:maninsa@hanmail.net

ISBN 89-88915-66-6 03810

값 6,000원